大展好書　好書大展
品嘗好書　冠群可期

大展好書　好書大展
品嘗好書　冠群可期

彩色圖解
太極武術
14

精簡陳式太極拳

＜8式‧16式＞

黃康輝　王建華

編著

大展出版社有限公司

國家圖書館出版品預行編目資料

精簡陳式太極拳8.16式 / 王康輝 王建華 編著
－初版－臺北市：大展 ， 2005【民94】
面 ； 21 公分 － （彩色圖解太極武術；14）
ISBN 957-468-347-8 （平裝）
1.太極拳

528.972 93018656

北京體育大學出版社授權中文繁體字版

精簡陳式太極拳 8/16 式　　ISBN 957-468-347-8

編 著 者 / 黃康輝 王建華
責任編輯 / 佟 暉
發 行 人 / 蔡森明
出 版 者 / 大展出版社有限公司
社 　　址 / 台北市北投區（石牌）致遠一路 2 段 12 巷 1 號
電 　　話 / （02）28236031‧28236033‧28233123
傳 　　真 / （02）28272069
郵政劃撥 / 01669551
網 　　址 / www.dah-jaan.com.tw
E－mail / service@dah-jaan.com.tw
登 記 證 / 局版臺業字第 2171 號
承 印 者 / 弼聖彩色印刷有限公司
裝 　　訂 / 協億印製廠股份有限公司
排 版 者 / 順基國際有限公司
初版 1 刷 / 2005 年（民 94 年）1 月

定價 / 220 元

●本書若有破損、缺頁敬請寄回本社更換●

精 簡 陳 式 太 極 拳

　　精簡陳式太極拳，是在中國武術研究院審定的陳式太極拳競賽套路的基礎上簡化而成的。原套路共56個動作，動作緊湊，運動量較大，以專業運動員練習比賽為主，使陳式太極拳愛好者和初學者望而生畏，為此，筆者結合多年的學習、訓練、教學經驗及教學實踐，創編了這套陳式太極拳精簡套路，8式，16式。將陳式太極拳較有代表性的動作和較有特點的動作，編錄套路。目的是幫助練習者儘快掌握動作要領，提高練習質量，增加練習興趣，並適應現代快節奏的生活方式，可以在較短的時間內掌握一套簡單完整的套路，既能達到鍛鍊身體的目的，也可以達到套路練習的效果。

　　精簡陳式太極拳，分8式、16式兩個套路。8式套路動作左右對稱，學練較為簡單，可原地練習；16式套路，是由16個不同的動作組成，沒有重複。

陳式太極拳簡化8式

起　勢
1．捲肱勢
2．斜行拗步
3．野馬分鬃
4．雲　手
5．金雞獨立
6．蹬　腳
7．掩手肱捶
8．金剛搗碓
收　勢

起 勢

　　兩腳併攏，身體自然直立，肩臂鬆垂，兩手輕貼兩腿外側，頭頸正直，兩眼平視。身法不變。提起左腳向左平行開步，與肩同寬。接著，兩手順纏，向前向上抬起至肩高，同肩寬，掌心相對，掌指向前；兩手變逆纏，掌心反向下，屈臂下按至腹前；同時，兩腿屈膝下蹲，成馬步雙按勢。（圖1、2、3）

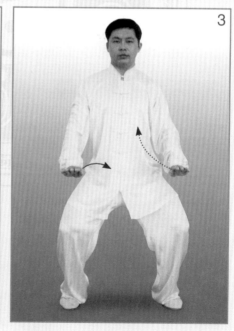

（一）捲肱勢

　　身體稍右轉，步型不變。左手逆纏向前轉出至胸前，掌心向下，掌指向前；同時，右手逆纏，向右後斜上方轉至肩高，掌心向下，掌指斜向右後方，眼看右手；接著，兩手變順纏，掌心反向上，隨之兩手再變逆纏，右臂同時屈肘向內、手至右腮側，掌心斜向前，掌指斜向上，左手在原處做逆纏旋轉，掌心向下，掌指向前。眼看前方。（圖4、5、6、7）

身體左轉，步型不變。右
手繼續逆纏，向前經左臂上側
向前轉出，手同胸高，掌心斜
向前下方，掌指斜向左前上
方；同時，左手繼續逆纏向下
轉至腹前，掌心向下，掌指斜
向前。眼法不變。（圖8）

　　身體繼續左轉，步型仍為馬步。左手逆纏向左後斜上方轉出，至肩高，掌心向下，掌指斜向左後方，眼看左手；接著，兩手變順纏，掌心反向上，隨之兩手再變逆纏，左臂同時屈肘向內、手至左腮側，掌心斜向前，掌指斜向上，右手在原處做逆纏旋轉，掌心向下，掌指向前。眼看前方。（圖9、10、11）

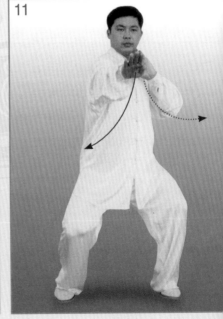

身體右轉，步型不變。左手繼續逆纏，向前經右臂上側向前轉出，手同胸高，掌心斜向前下方，掌指斜向右前上方；同時，右手繼續逆纏向下轉至腹前，掌心向下，掌指斜向前。眼法不變。（圖12）

（二）斜行拗步

身體左轉，右腿弓膝塌勁，隨之左腳向內收轉至右腳內後側。同時左臂鬆肩沉肘，左手逆纏向內向下畫弧轉至左胯前，掌心向下，掌指向前；右手逆纏向右向上畫弧轉至肩高，變順纏屈肘至右肩前，掌心斜向左，掌指斜向上。眼看右前方。（圖13）

身體變為右轉，右手逆纏向內向下畫弧轉至右胯前，掌心向下，掌指向前；左手逆纏向左向上畫弧轉至肩高，變順纏屈肘向內收轉至左胸前，掌心斜向右，掌指斜向上；接著，提起左腳，以腳跟內側貼地，向左前方擦出，腳跟著地，腳尖翹起；同時，左肘不動，左手加大順纏，掌心斜向前，掌指斜向左前上方，眼看左前方。（圖14、15）

身體左轉，左腳尖落地，向前弓膝塌勁；左手逆纏向內向下經左膝前向左，變勾手向左上方畫弧摟轉至肩高，勾尖向下；同時右手逆纏向右向上、向內畫弧轉至右腮前，掌心斜向前，掌指斜向上；接著，繼續逆纏向前、向右畫弧轉出至右側前方，掌心斜向右前方，掌指斜向前，隨之鬆尖沉肘，手變順纏，塌腕立掌，掌心斜向前，掌指向上，與此同時，向下鬆塌襠勁。眼看右前方。（圖16、17、18）

身體繼續左轉，左勾手變掌逆纏向下畫弧轉至左胯前，掌心向下，掌指斜向前，右臂鬆肩沉肘，右手繼續順纏，左腿弓膝塌勁，隨之左腳向內扣轉，提起右腳收轉至左腳內後側。同時右臂鬆肩沉肘，右手逆纏向內向下畫弧轉至右胯前，掌心向下，掌指向前；左手逆纏向左向上畫弧轉至肩高，變順纏屈肘至左肩前，掌心斜向右，掌指斜向上。眼看左前方。（圖19、20）

身體變為左轉，左手逆纏向內向下畫弧轉至左胯前，掌心向下，掌指向前；右手逆纏向右向上畫弧轉至肩高，變順纏屈肘向內收轉至左胸前，掌心斜向前，掌指斜向右前上方；接著，提起右腳，以腳跟內側貼地，向右前方擦出，腳跟著地，腳尖翹起；同時，右肘向內收轉，小臂立於右側胸前。眼看右前方。（圖21）

身體右轉，右腳尖落地，向前弓膝塌勁；右手逆纏向內向下經右膝前向右，變勾手向右上方畫弧摟轉至肩高，勾尖向下；同時左手逆纏向左向上、向內畫弧轉至左腮前，掌心斜向前，掌指斜向上；接著，繼續逆纏向前向左畫弧轉出至左側前方，掌心斜向左前方，掌指斜向前，隨之鬆肩沉肘，手變順纏，塌腕立掌，掌心斜向前，掌指向上，與此同時，向下鬆塌襠勁。眼看左前方。（圖22、23、24）

（三）野馬分鬃

身體左轉，左腿弓膝塌勁，左手逆纏向左平雲至左側前方，掌心向左前方，掌指斜向右前方；同時右勾手變掌，順纏隨身體向左轉至右側前方，掌心斜向前，掌指斜向右前方；接著，身體變為左轉，右腿弓膝塌勁，隨之提起左腳，成右獨立步。隨之，右手變逆纏，向內向右畫弧轉至右側前方，掌心斜向右，掌指斜向左；左手變順纏，屈肘向內收轉，手至左側前方，掌心斜向上，掌指斜向左前方。眼看左前方。（圖25、26、27）

身體稍右轉，右腿弓膝塌勁，左腳跟內側貼地，向左側前方擦出，腳跟著地，腳尖翹起；接著，腳尖落地踏實，向前弓膝塌勁，身體隨之左轉；同時左手向左前方穿靠，掌心向上，掌指向左前方，右臂沉肘塌勁。眼法不變。（圖28、29）

　　身體右轉，右腿弓膝塌勁，成右側弓步；兩掌不變隨身體向右轉動，右手逆纏向右平雲至右側前方，掌心斜向前，掌指斜向右前方；左手順纏隨身體向左轉至左側前方，掌心斜向前，掌指斜向右前方；隨之身體變為左轉，左腳尖內扣，左腿弓膝塌勁，身體重心移至左腿；右腿屈膝提起，成左獨立步。同時右手變順纏，屈肘向內收轉，手至右側前方，掌心斜向上，掌指斜向右前方；左手變逆纏，向內向左畫弧轉至左側前方，掌心斜向左，掌指斜向右前方。眼看右前方。（圖30、31）

身體稍左轉，
左腿弓膝塌勁，右
腳跟內側貼地，向
右側前方擦出，腳
跟著地，腳尖翹
起；接著，腳尖落
地踏實，向前弓膝
塌勁，身體隨之左
轉；同時左手向左
前方穿靠，掌心向
上，掌指向左前
方；右臂沉肘塌
勁。眼法不變。
（圖32、33）

（四）雲　手

　　身體右轉，右腿弓膝塌勁，成右弓步；同時右手逆纏向內向右畫弧擠按，掌心斜向右前方，掌指斜向上；左手順纏向下向右畫弧轉至右手內下側，掌心斜向右前方，掌指斜向右前上方。接著，身體變為左轉，左腿弓膝塌勁，成左弓步；隨之兩手隨身體轉動，左手變逆纏，向上向左雲轉至左側前方，掌心斜向左，掌指斜向右前上方；右手順纏向下向左雲轉至左手內下側，掌心斜向左，掌心斜向上。眼看右前方。（圖34、35）

身體右轉，右腿弓膝塌勁，成右弓步；隨之兩手隨身體轉動，右手變逆纏，向上向右雲轉至右側前方，掌心斜向右，掌指斜向左前上方；左手順纏向下向右雲轉至右手內下側，掌心斜向右，掌心斜向上。接著，身體變為右轉，右腿繼續弓膝塌勁，提起左腳經右腿後側向右後方叉步，重心移至左腿，提起右腳向右側前方上步，成左弓步。同時，兩手隨身體向左平雲。眼看左前方。（圖36、37、38）

身體變為右轉，左腿弓膝塌勁，提起右腳經左腿後側向左後方叉步，重心移至右腿，提起左腳向左側前方上步，成右弓步；同時，左手順纏向左向下畫一小弧轉至左側前方，掌心斜向前，掌指斜向左前上方；右手逆纏在右胸前畫一小弧，掌心斜向前，掌指斜向左前上方。接著，身體繼續右轉，兩手隨身體向右平雲轉至右側前方，兩掌心斜向右前方，掌指均向前。眼看斜前方。（圖39、40、41）

（五）金雞獨立

　　身體右轉，右腳尖外擺，弓住塌勁，提起左腳以腳跟內側貼地向左斜前方擦出，腳跟著地，腳尖翹起。接著，身體變為左轉，左腳尖落地塌實，左腿弓膝塌勁成左弓步；同時左手逆纏，向下向前畫弧擠至胸前，掌心斜向前下方，掌指斜向右前上方；右手順纏向下畫弧轉至右腹前，掌心斜向下，掌指斜向後方。眼看正前方。（圖42、43）

身體繼續左轉，左腿弓住塌勁，提起右腳向前上步，落在左腳的右側，腳尖著地，成右側虛步；同時右臂屈肘，右手順纏向內，小指貼腹前，向上至胸前，掌心斜向右，掌指向上；右手在原處逆纏，掌心向下，掌指向右，眼法不變。（圖44）

身體稍右轉，左腿站直，隨之右腿屈膝上提，腳尖自然勾起，成左獨立步；同時右手繼續順纏向上，當肘尖與鼻尖相對時手變逆纏繼續向上，向右側上方轉出，掌心向右，掌指向上；左手繼續逆纏，向下向左轉至左胯左前側，掌心向下，掌指向前。眼法不變。（圖45）

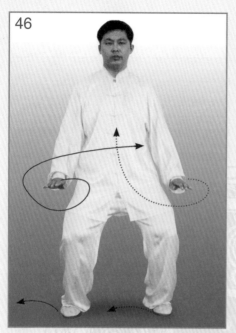

　　身法不變，右腳向下震踏，落在左腳的右側，隨之兩腿屈膝下蹲，成馬步；右手變順纏，屈肘向下落至鼻高時，接著手變順纏向下落至右胯右前側，掌心向下，掌指向前；左手掌型不變，在原處下按。眼法不變。（圖46）

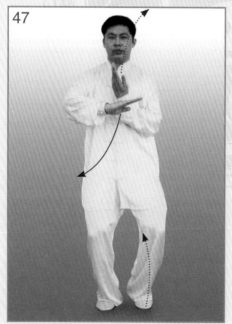

　　身體左轉，提起右腳向右撤步，隨之弓膝塌勁，提起左腳向內收轉至右腳內側，腳尖著地，成左側虛步；同時右手屈腕向左前提至腹高，再向上轉至胸前，屈肘，掌心向下，掌指向左；左手屈腕上提，接著手變順纏向內收轉至腹前，小指貼腹前向上至胸前，掌心斜向左，掌指向上。眼看正前方。（圖47）

　　身體稍左轉，右腿站直，隨之左腿屈膝上提，腳尖自然勾起，成右獨立步；同時左手繼續順纏向上，當肘尖於鼻尖相對時手變逆纏繼續向上，向左側上方轉出，掌心向左，掌指向上；右手繼續逆纏，向下向右轉至右胯右前側，掌心向下，掌指向前。眼法不變。（圖48）

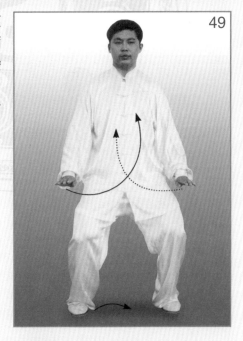

　　身法不變，左腳向下震踏，落在右腳的左側，隨之兩腿屈膝下蹲，成馬步；左手變順纏，屈肘向下落至鼻高時，接著手變順纏向下落至右胯右前側，掌心向下，掌指向前；左手掌型不變，在原處下按。眼法不變。（圖49）

（六）左右蹬腳

　　身體稍左轉，左腿弓膝塌勁，重心移至左腿，隨之提起右腳向內收轉至左腳內側，腳尖著地，成右虛步；同時兩手順纏握拳，屈肘向內向上轉至胸前，兩小臂交叉，左拳在內，右拳在外，拳心均向內。眼看右前方。（圖50）

　　身體稍右轉，左腿塌勁，提起右腳向右前上方蹬出，腳高於腰，腳尖向內勾，腳掌斜向下；同時兩拳發力向兩側發出，拳同胸高，拳心均向內，拳眼向上。眼法不變。（圖51）

身體左轉，右腿弓膝，右腳下落至左腳內側，隨之屈膝塌勁，重心移至右腿，隨之左腳跟抬起，腳尖著地，成左側虛步；同時兩拳順纏向下，屈肘向內向上轉至胸前，兩小臂交叉，右拳在內，左拳在外，拳心均向內。眼看左前方。（圖52）

身體繼續左轉，右腿塌勁，提起左腳向左前上方蹬出，腳高於腰，腳尖向內勾，腳掌斜向下；同時兩拳發力向兩側發出，拳同胸高，拳心均向內，拳眼向上。眼法不變。（圖53）

（七）掩手肱捶

　　身體右轉，左腿屈膝，左腳向下震落在右腳內側，隨之屈膝下蹲，塌勁，重心移至左腿，右腳跟抬起，腳尖著地，成右側虛步；同時左臂屈肘，左拳逆纏向內收轉至腹前，拳眼向內，拳心斜向下；右拳變掌，屈臂向內合於腹前，掌心貼於右腕上。眼看右前方。（圖54）

　　身體稍右轉，左腿弓膝塌勁，右腳以腳跟內側貼地向右側前方擦出，腳跟著地，腳尖翹起；同時左拳沿腹部向右下方伸轉，右手沿左小臂向上轉至左側胸前，掌型不變；接著，右腳尖落地踏實，隨之弓膝塌勁，成右弓步；與此同時，兩手向下向左右沿弧線轉至肩高，右掌心斜向前下方，掌指斜向前上方，左拳不變，拳心向下，拳眼斜向內。眼法不變。（圖55、56）

身體左轉，左腿弓膝塌勁，右腿也屈膝，成左側偏馬步；隨之左臂屈肘，左拳順纏向內收轉至左胸前，拳心向內；左手順纏，掌心反向上，屈中指、無名指和小指，食指和拇指伸展成八字掌。接著，身體右轉，右腿弓膝塌勁，成右弓步；左拳逆纏向前經右掌心上側發力打出，拳心向下，拳同胸高；右手逆纏，屈肘向內按於腹前，掌心貼於腹部。眼看前方。（圖57、58）

身體繼續右轉，右腿塌勁；同時左拳變掌順纏向右下沉轉，掌心斜向右下方，掌指斜向前上方；右手逆纏向右下方轉出至右胯外側，掌心斜向下，掌指斜向上；接著，身體左轉，左腿弓膝塌勁，成左側偏馬步；與此同時，左掌變逆纏向左側上方畫弧轉出至左側前方，掌同肩高，掌心斜向下，掌指斜向前上方；右手變順纏向上畫弧轉至右側前上方，掌心向上，掌指斜向右前方。眼看右手前方。（圖59、60）

　　身體繼續左轉，左腿弓膝
塌勁，隨之提起右腳至左小腿
內側，向下震落，踏在左腳內
側；同時右掌變拳，屈肘向內
至腹前；左手逆纏向內合於右
腕上側，掌心向右，掌指向
上。眼法不變。（圖61、62）

身體稍左轉，左腿弓膝塌勁，左腳以腳跟內側貼地向左側前方擦出，腳跟著地，腳尖翹起；同時右拳沿腹部向左下方伸轉，左手沿右小臂向上轉至右側胸前，掌型不變；接著，左腳尖落地踏實，隨之弓膝塌勁，成左弓步；與此同時，兩手向下向左右沿弧線轉至肩高，左掌心斜向前下方，掌指斜向前上方，右拳不變，拳心向下，拳眼斜向內。眼法不變。（圖63、64）

身體右轉，右腿弓膝塌勁，左腿也屈膝，成右側偏馬步；隨之右臂屈肘，右拳順纏向內收轉至右胸前，拳心向內，右手順纏，掌心反向上，屈中指、無名指和小指，食指和拇指伸展成八字掌。接著，身體左轉，左腿弓膝塌勁，成左弓步；右拳逆纏向前經左掌心上側發力打出，拳心向下，拳同胸高；左手逆纏，屈肘向內按於腹前，掌心貼於腹部。眼看前方。（圖65、66）

（八）金剛搗碓

　　身體繼續左轉，左腿塌勁；同時右拳變掌順纏向左下沉轉，掌心斜向左下方，掌指斜向前上方；左手逆纏向左下方轉出至左胯外側，掌心斜向下，掌指斜向上；接著，身體右轉，右腿弓膝塌勁，成右側偏馬步。接著，右手變逆纏向右前上方畫弧轉至右側上方，掌心斜向右前下方，掌指斜向上。眼看右前方。（圖67、68）

身體稍左轉，左腿弓膝塌勁，右腳向內向前畫弧收轉至左腳的右前側，腳尖著地，成右前虛步；同時右手順纏向下向前畫弧轉至右側腹前，掌心向上，掌指向前；左手逆纏，向內合於右腕內側，掌心向下，掌指貼於右腕上。眼看前方。（圖69）

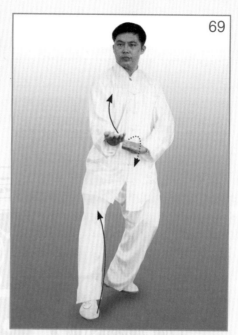

身法不變，左腿弓膝塌勁，右腿屈膝提起，成左獨立勢；同時右手握拳屈肘向上至右胸前，拳心向內；左掌在原處順纏，掌心反向上，托於腹前。接著，右腳向下震落，踏在左腳的右側，成馬步；右拳隨之沿體前向下砸擊左掌心，右拳背於左掌心相貼，拳心向上，拳眼斜向前。兩眼平視前方。（圖70、71）

71

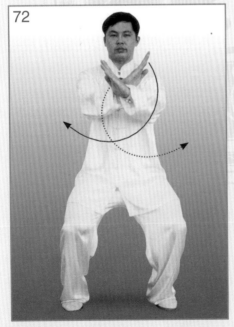

72

收　勢

　　身法不變，步型不變；右拳變掌逆纏向前與左腕交叉，同時左手也逆纏，與右手同時向前上抬起至胸前成十字手，左掌心斜向右側下方，右掌心斜向左側下方，兩掌心均向上。接著，兩腿站直，兩手向下落至腹前，兩手分開向左右落至兩胯側，提起左腳向內收轉，落於右腳內側，成併步，還原成起勢狀。（圖72）

起　勢　　　　　　　　　　　　　　　　　　　　(一)捲肱勢

(二)斜行拗步

(三) 野馬分鬃

(四) 雲 手

(五)金雞獨立

(六)左右蹬腳

(七)掩手肱捶

(八)金剛搗碓

收　勢

陳式太極拳簡化16式

起　勢

　　兩腳併攏，身體自然站立，肩臂鬆垂，兩手輕貼兩腿外側，頭頸正直，兩眼平視。要做到虛領頂勁，下頜微內收，舒胸展背，斂臀收腹，呼吸自然。用意念調整身體姿勢，把身體調整到最佳狀態，然後意念落於丹田，稱之為意守丹田。（圖1）

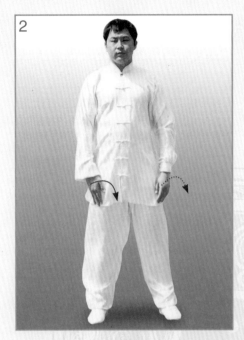

當預備勢調整到最佳狀態後，慢慢提起左腳向左平行開步，與肩同寬，身體保持中正不變，兩眼保持平視。（圖2）

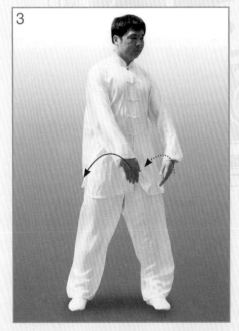

身體左轉，兩腿纏法為右逆左順，步法不變。兩手逆纏向左前方提腕，至左腹前，兩掌心向均向內，掌指斜向下。接著身體向右轉，兩腿纏法變為右順左逆，步型不變。兩手塌腕向左、向前、向右在腹前畫弧，至右側腹前，掌心斜向下，掌指斜向前。（圖3、4）

　　身體左轉，雙腿纏法變為右逆左順，步型不變。兩手再向左前上方畫弧舉臂，與肩同高，兩臂略窄於肩，掌心均向下，掌指斜向前。眼看左前方。（圖5）

【要點】

　　在起勢時，要注意呼吸自然，周身放鬆；提腳開步時，要注意保持身體的中正。在第三動作中，兩手要在腹前畫弧，畫弧時要保持兩掌心斜向內。

【教法提示】

　　將「起勢」的動作，用最簡練的文字，按順序概括成四個分動，即：併步直立、開步站立、腹前畫弧、左前舉臂。以分動名稱和示範相結合，先分動後連貫，進行教學。

（一）攬紮衣

　　身體稍右轉，雙腿纏法不變。右手逆纏屈肘向左，至左胸前，掌心斜向前下方，掌指斜向左前上方；同時左手逆纏貼右臂下側向右轉至右胸前，兩臂交叉，左掌心斜向右，掌指斜向上；接著動作不停，身體繼續右轉，右手向右側前方轉出，掌心斜向右前下方，掌指斜向前方，左手向下向左轉至左胯外前側，掌心向下，掌指向前。眼看右前方。（圖6、7）

身體繼續右轉，左腿逆纏屈膝塌勁；右腿變順纏屈膝提起，成左獨立步。同時右手變順纏，稍向下轉，手略低與肩，掌心斜向右前下方，掌指斜向右前上方；左手繼續逆纏向上畫弧至左側前方，手略高與肩，掌心斜向左前下方，掌指斜向前上方。眼看右前方。（圖8）

身法不變，雙腿纏法不變，左腿繼續弓膝塌勁；右腳以腳跟內側貼地向右側前方擦出，腳尖斜向內側勾起，成右側仆步。同時，左手變順纏，屈臂向內轉至胸前，掌心向右，掌指向上，右手向左畫弧轉至左臂下側，掌心向左，掌指向前。眼法不變。（圖9）

身體左轉，雙腿纏法不變；右腳尖落地塌實，隨之屈膝前弓。同時右手向左前方推按、變逆纏，掌心反向外，接著，向右平雲畫弧轉至右側前方，掌心斜向右前方，掌指斜向前；左手順纏沿體前向下落至腹前，掌心向上；隨之身體右轉，雙腿纏法變為右順左逆。（圖10、11、12）

身體稍左轉，雙
腿纏法變為右逆左
順；右手在原處順
纏立掌，掌心斜向
前，掌指向上，左
手在腹前不動。眼
看右前方。（圖13）

【要點】

　　在兩臂左右畫弧時，兩腿不動，當兩臂展至肩平時，再屈
膝提起。向右橫拉掌時，身體要隨著向右轉。最後定勢時要注
意塌好襠勁。

【教法提示】

　　展臂提膝；合臂出腳；弓膝拉掌；偏馬按掌。

（二）金剛搗碓

身體左轉，左腿順纏向左弓膝，右腿逆纏；同時左手逆纏向右前方推按，接著向下向左畫弧至左側前方，掌心斜向左前方，掌指斜向前；右手隨左手向下向左畫弧至左側前方，掌心斜向左，掌指斜向左前方。（圖14、15）

身體稍右轉，雙腿纏法變為右順左逆，右腿向右弓膝成右側仆步；同時左手順纏向內收肘，掌心斜向前上方，掌指斜向左前上方；右手變逆纏，向上畫弧收轉至胸前，掌心斜向前下方，掌指斜向左前方。（圖16）

身體右轉變為左轉，左腿順纏，弓膝塌勁；右腿變逆纏；同時左手繼續逆纏向右、向下再向左前上方轉出，掌心斜向前下方，掌指斜向上；右手順纏向右、向下畫弧轉至右胯側，掌心斜向前，掌指斜向右後方。接著，左腳尖稍外擺，弓膝塌勁；提起右腳向前上步，落在左腳的右前側，腳尖著地，成右前虛步。隨之，右手向前畫弧轉至腹前，掌心向上，掌指向前；左手繼續逆纏屈肘向內按至右小臂內側，掌心向下。眼看前方。（圖17、18、19）

身法不變，右腿屈膝提
起，腳尖自然勾起，成左獨立
步；同時，右手握拳，屈肘向
上至右肩前，拳心向內，鬆肩
沉肘；左手順纏轉至腹前，掌
心向上，掌指向右。接著，右
腳向下震落至左腳的右側，成
馬步；隨之，右拳順纏向下砸
落至左掌心內，拳心向上。眼
看正前方。（圖20、21）

【要點】
　　左手向左前方轉出，為擠
法，要注意左手逆纏的旋轉。
鬆肩沉肘，以手領勁。震腳砸
拳，勁力要隨之下沉。
【教法提示】
　　左轉身擠；虛步撩掌；提
膝舉臂；震腳砸拳。

（三）白鶴亮翅

　　身體稍左轉，左腿順纏塌
勁，右腿逆纏；同時兩手向上
轉至左側胸前，右拳變掌逆纏
向右前上方轉出，掌心斜向右
前下方，掌指斜向上；左手逆
纏向右向下再向左轉至左胯
側，掌心向下，掌指向前；雙
腿纏法變為右順左逆。眼看前
方。（圖22、23、24）

身體稍左轉，左腿順纏，右腿逆纏，身體重心移至左腿，提起右腳，以腳跟內側貼地，向右前方擦出，腳尖斜向內勾起。同時，左手繼續逆纏向左向上轉至肩高，變順纏屈肘向內轉至胸前，掌心斜向右，掌指斜向上；右手變順纏向下向左畫弧至左手下側，掌心斜向左，掌指斜向左前下方。眼看右前方。（圖25）

身體稍右轉，右腿變順纏，腳尖落地踏實，隨之弓膝塌勁，提起左腳向內收轉，落在右腳內側，腳尖著地；兩膝外展，成弧形；同時右手逆纏向上、向右畫弧轉至右側上方，掌心向右，掌指向上；左手逆纏向左下方畫弧，轉至左胯側，掌心向下，掌指向前。眼看前方。（圖26）

【要點】

合臂出腳要同時完成。然後要先弓膝形成靠勢，再展臂上步。

【教法提示】

畫弧展臂；合臂出腳；頂步舉臂。

（四）斜行拗步

　　身體先左轉，再右轉，雙腿纏法變為左順右逆，隨轉體再變為右順左逆。隨之，身體重心移至右腿，弓膝塌勁，提起左腳，以腳跟內側貼地向左前方擦出，腳尖向內勾起；同時右手逆纏向左下經胸前向右下畫弧轉至右胯側，掌心向下，掌指向前；左手逆纏，向左向上畫弧轉至左耳側變順纏向左前方轉出，臂成弧形，掌心斜向前，掌指斜向左前上方。眼看左前方。（圖27、28）

身體左轉，雙腿纏法變為左順右逆，左腳尖落地踏實，向前弓膝塌勁，成左弓步；同時，左手逆纏向內向下、捏勾手經膝前向左前上方提起，臂同肩高，勾尖向下；右手繼續逆纏，向右向上屈臂向內轉至右腮側，掌心向左，掌指向上。眼看左前方。（圖29、30）

身體右轉，步法不變，雙腿纏法變為右順左逆；同時，右手逆纏向前轉出，再向右畫弧平雲，轉至右側前方，身體隨之右轉，動作不停，緊接著，變順纏向右前方塌按，坐腕立掌，掌心斜向前下方，掌指向上，身體左轉，臂成弧形；鬆肩沉肘，左手隨身體自然轉動，勾型不變。眼看右前方。（圖31、32、33）

【要點】

　　此勢的左腳向左前45度上步。左手向外摟轉時要經左膝前，再沿弧線向左前上方提起。

【教法提示】

　　列掌出腳；摟膝提勾；弓步轉按。

（五）提　收

身體稍左轉，步型不變。左勾手變掌，逆纏向前向內旋轉，掌心斜向外，掌指斜向前；同時右手也變逆纏，向前旋轉，掌心斜向外，掌指斜向前。兩臂在胸前成一弧形，眼看前方。（圖34）

身體稍右轉，左腳跟為軸，腳尖向內扣轉，隨之兩腿屈膝成馬步；同時兩手變順纏向下畫弧至腹前；左臂屈肘，貼至肋側，手至左膝上方，掌心向上，掌指向前；右手收至左肘內側，掌心向上，掌指向前。眼法不變。（圖35）

身法不變，右腿弓膝塌勁，身體重心移至右腿，隨之左腿屈膝提起，腳尖自然下垂，接著右腿站直，成右獨立步；同時兩手變逆纏，向前推按，掌心向下，掌指向前；左掌在左膝前側，右掌在左肘內側。眼看左前方。（圖36、37、38）

【要點】

左腳回收時，身體重心要移至右腿，再提左腿。提膝時身體要保持中正。

【教法提示】

弓步插掌；收腳合臂；獨立按掌。

（六）前 蹚

　　身體稍右轉，右腿屈膝塌勁，隨之左腳下落，以腳跟內側貼地向左側前方擦出，踏實；同時左手順纏，右手逆纏，向右下方将出，掌心斜向右，掌指斜向前上方，眼看右前方。（圖39）

　　身體左轉，左腿屈膝前弓，成左弓步；同時，左手向上掤至胸前，掌心向內，右手繼續向上畫弧至肩高，屈肘向內循弧線按至左腕內側，掌指向上；隨之轉體向左前方掤出，兩臂成弧形，手與胸同高，掌型不變。眼看前方。（圖40）

身體繼續左轉，左腳尖外擺，向前弓膝塌勁，提起右腳向前上步，經左腳內側、變腳跟內側貼地向右前方擦出，腳尖勾起。接著，右腳尖落地塌實，向前弓膝塌勁，成右偏馬步；同時兩手變逆纏，將掌心反向外，兩臂掤圓，兩掌向左右平開分展，與肩同高，變順纏塌腕立掌，鬆肩沉肘，掌心斜向前，掌指向上。眼看右前方。（圖41、42、43、44）

【要點】

做捋法時要向右下方捋出。掤勢要向左前上方掤。兩手向左右平行分掌時，當兩手轉至左右前方時，再變順纏，塌腕立掌。

【教法提示】

出腳下捋；弓步掤臂；上步分掌。

（七）掩手肱捶

身體稍左轉，步型不變，雙腿纏法變為左順右逆；同時，右手順纏，向左平雲轉至胸前，臂微屈，掌心向上，掌指向前，左手隨身體向後擺動。接著，身體右轉，右腿變順纏，左腿逆纏弓膝塌勁，隨之，右腿屈膝提起，成左獨立步；與此同時右手握拳屈肘向內轉至胸前，拳心向下，拳眼向內；左臂屈肘，左掌向內合與右拳上側，掌心向右，掌指向上。眼看左前方。（圖45、46）

身法不變，右腳向下震落
至左腳內側，左腳迅速提起，
以腳跟內側貼地向左前方擦
出，腳尖向內勾起，接著雙腿
纏法變為左順右逆，腳尖落地
塌實，向前弓膝塌勁，成左弓
步；同時兩手逆纏向左右分
展，與肩同高，左掌轉至左前
方，掌心斜向下，掌指斜向
上；右拳心斜向右後方，拳眼
斜向下。眼看左前方。（圖
47、48、49）

身體稍右轉，雙腿纏法變為右順左逆，右腿屈膝塌勁成右偏馬步；同時，左手順纏稍向前轉，掌心翻向上，掌指向前，中指、無名指和小指向內捲屈，食指和拇指伸展，形成八字掌；右臂屈肘向內，右拳貼於胸部，拳心斜向右，拳眼斜向前。眼看左前方。（圖50）

身體左轉，雙腿纏法變為左順右逆，左腿弓膝塌勁，成左弓步；同時右拳逆纏，經左掌上側向前發力打出，拳心向下，隨之左臂屈肘，左手逆纏向內按與腹部。眼法不變。（圖51）

【要點】

身體先左轉，握拳後身體右轉。向前發力打拳時要以拳領勁。

【教法提示】

提膝握拳；弓步展臂；發力打拳。

（八）雙推手

　　身法不變，步型不變。左手向前至右腕內側，接著右拳變掌，兩手向下捋至腹前，身體變為右轉，雙腿纏法變為右順左逆，右腿弓膝塌勁成右側弓步；同時，兩手沿體前向上轉至胸前，右手變逆纏向右側前方轉出，掌心斜向右前下方，掌指斜向前；左手貼右腕順纏旋轉，掌心向內，掌指向上，兩臂成弧形。眼看右前方。（圖52、53）

身體左轉，左腳以腳跟為軸，腳尖外擺，隨之左腿順纏弓膝塌勁，接著右腿逆纏，提起右腳向前上步，落於左腳的右前側，腳尖著地，成右前虛步；同時，右手變順纏，向下轉至腹前，隨轉體向前上方托起，掌心向上，掌指斜向右前方；左手繼續順纏向下捋至腹前、隨轉體變逆纏屈肘、屈腕、成刁勾手，向上轉至左耳側，勾尖向下。（圖54、55）

身體左轉，左腿繼續弓膝塌勁，提起右腳向右前方上步，腳跟先著地，腳尖翹起，接著左勾手變掌，向左、向內畫弧平雲轉至左腮側，右手向左平雲轉至右腮側，兩掌心斜向前。然後腳尖落地，弓膝塌勁，隨之提起左腳向前上步，落在右腳的左側，腳尖著地，兩膝微外開，襠勁撐圓，隨之身體右轉；同時，兩手向下落至胸高，接著逆纏向胸前推按，兩掌與胸同高，掌心斜向前，掌指向上。兩眼平視前方。（圖56、57、58、59）

58

59

【要點】

　　右拳變掌，兩手向下捋時，身型步型不變。兩手向左平雲時，要同時完成。雙按掌的力點在兩掌根。兩手向前按，背部要有向後的撐勁。

【教法提示】

　　變掌下捋；弓步右掤；虛步刁托；丁步雙按。

（九）肘底捶

身體稍右轉，步型不變。左手逆纏向前轉按，掌心斜向前，掌指斜向前上方；隨之右手順纏屈肘向內收轉至胸前，掌心斜向上，掌指斜向前。接著身體變為左轉，右手變逆纏，沿左臂上側向前轉按，掌心斜向下，掌指斜向左前方；左手變順纏，屈肘向內收轉至腹前，掌心斜向下，掌指斜向前。眼法不變。（圖60、61）

　　身體左轉，步型不變。左手變逆纏，向左向上轉至肩高，兩臂成平行。隨之，身體稍向右轉，同時，左手變順纏，屈肘向內收轉至胸前，臂成弧形，掌心斜向前，掌指斜向上；右手也變順纏，向下向左轉至左肘下、握拳，拳心斜向內，拳眼向上。眼看左手前方。（圖62、63、64）

【要點】
　　兩手左右纏繞旋轉時，身體隨手左右轉動，使襠勁也隨著身體的轉動左右轉換，但要保持身體的中正不變。
【教法提示】
　　左掌向前轉按；右掌向前轉按；丁步肘底捶。

（十）倒捲肱

身體左轉，提起左腳向左後方撤步，屈膝塌勁，右腳尖向內扣轉，成馬步；同時，右拳變掌，放至左小臂上側向前轉按，掌心斜向下，掌指斜向前，隨之，左手順纏向下採轉至腹前，掌心貼於腹部。眼看右前方。（圖65）

身型不變。左手變逆纏，向左向上轉至肩高，兩手變順纏，掌心翻向上。接著兩腕放鬆，兩手向上向內畫弧，右掌心反向下，掌指向前，左臂屈肘；左手向內收轉至左腮側；同時，身體變為右轉，左腿弓膝塌勁，重心移至左腿，右腳向內收轉成右前虛步，腳跟抬起，腳尖著地。眼看前方。（圖66、67、68）

　　身體右轉，右腳尖畫
地，向內經左腳內側，向
右後方轉出，左腳尖向內
扣轉，弓膝成馬步；同
時，左掌放至右臂上側向
前轉按，手與肩同高，掌
心斜向前下方，掌指斜向
上；右手順纏屈肘向下採
轉至腹前，掌心向下，掌
指斜向左前方。眼看左前
方。（圖69）

身型不變。右手變逆纏，向右向上轉至肩高，兩手變順纏，掌心反向上，接著兩腕放鬆，兩手向上向內畫弧，左掌心反向下，掌指向前，右臂屈肘，右手向內收轉至右腮側。同時，身體變為左轉，右腿弓膝塌勁，重心移至右腿；左腳向內收轉成左前虛步，腳跟抬起，腳尖著地。眼看左前方。（圖70、71、72）

身體左轉，左腳尖畫地向內經右腳內側，向左後方轉出，右腳尖向內扣轉，弓膝成馬步；同時，右掌放至左臂上側向前轉按，左手順纏屈肘向下採轉至腹前，掌心向下。眼看右前方。（圖73）

【要點】

　　練習此勢時要注意，當一腳向後撤時，要先向內，經支撐腳內側，再向斜後方撤步，左右相同，方向相反。

【教法提示】

　　馬步前按；馬步展臂；虛步收轉；馬步前按；馬步展臂；虛步收轉；馬步前按。

（十一）退步壓肘

身體左轉，雙腿纏法變為左順右逆，左腿弓膝塌勁，成左弓步；同時，左手變逆纏向左側上方轉出，手與肩同高，掌心斜向左，掌指斜向上；右手順纏向下、向內經腹前向左畫弧轉至左肘內側，掌心斜向左，掌指斜向前上方。（圖74）

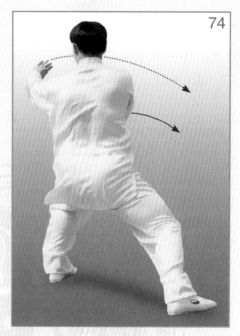

身體右轉，雙腿纏法變為右順左逆，右腿弓膝塌勁，成右側弓步；左手順纏，掌心反向上，向右平雲，轉至右側前方，掌心向上，掌指向前；同時，右手逆纏隨左手向右側前方轉出，至左肘內側，掌心向下，掌指斜向前。眼看前方。（圖75）

身體左轉，步
型不變。左手繼續
順纏，屈肘向內收
轉至腹前，掌心向
上，掌指向前；右
手稍向內轉，右肘
向上向前畫弧滾
壓，至右手上側。
接著，右肘不動，
右手順纏向前轉
出，掌心向上，掌
指向前；左肘向上
向前轉出，至右手
上側，掌心向下，
掌指向右。同時，
身體右轉，左腿弓
膝塌勁，重心移至
左腿；隨之，右腳
向內收轉成右前虛
步。眼法不變。
（圖76、77）

身體繼續右轉，雙腿纏法為右順左逆，右腳尖畫地經左腳內側向後撤步，隨之，腳跟向下震踏，左腳尖隨之內扣；同時，左掌貼右臂上側向前發力打出，手與肩同高，掌心向下，掌指斜向前；隨之，右肘向右肋側收轉，手向內收至腹前，掌心貼於腹部。眼看左前方。（圖78）

【要點】

當第一動開始時，兩手要同時向左轉出；向右回轉時也要兩手同時雲轉。右肘向前滾壓時，要向左手上側滾壓。整個動作要連貫，一氣呵成。

【教法提示】

左右弓步轉按；壓肘轉身；撤步擊掌。

（十二）右轉身雙震腳

身體右轉，左腳尖內扣，身體重心移至兩腿之間，成小馬步；同時，右手逆纏向右向上轉至肩高，掌心向右，掌指向前，臂成弧形；左手逆纏向下向內收轉至右胯前，掌心斜向右，掌指斜向前下方。眼看右前方。（圖79）

身型不變，左腿弓膝塌勁，身體重心移向左腿，右腿稍向內收轉，成右前虛步；同時兩手變順纏向內合至右側腹前，右手在前，左手在右肘內側，掌心均向上，掌指向前。眼看前方。（圖80）

　　身型不變，步型不變。兩
手向上掤至胸前，變逆纏，掌
心反向下，向下按至腹前，接
著兩手變順纏，掌心反向上，
向上托起。同時右腳蹬地向上
屈膝提起，左腳迅速蹬地發力
向上躍起，身體騰在空中；緊
接著，身體下落，左腳落地震
踏，右腳接著向下迅速震踏；
隨之，兩手變逆纏向下按至腹
前，掌心均向下，掌指均向
前。眼法不變。（圖81、82、
83、84）

【要點】

　　當身體向上躍起時，全身要形成合勁，不要散開。向下落時，雙腳要形成先後震落，成為雙震腳。

【教法提示】

　　虛步托按；上托躍起；震腳下按。

（十三）蹬 腳

身型不變，左腿弓膝塌勁，身體重心移至左腿，右腿屈膝提起，腳尖自然勾起，成左獨立勢；同時，兩臂屈肘，兩手向內收至腹前，左手稍高於右手，左手掌心斜向右，掌指斜向上；右掌心斜向前，掌指斜向上。眼看前方。（圖85）

身體稍左轉，左腿弓膝塌勁，右腳向前發力蹬出，腳尖向內勾起，力達腳跟；同時，右手向前推出與肩同高，掌心向前，掌指向上；左手內旋向上架在額前上方，掌心向上，掌指向右。（圖86）

【要點】

兩手屈於胸前時，提起右腳，蓄好勁，然後向前發力蹬出。蹬腳和架掌、推掌要同時完成。

【教法提示】

獨立收手；蹬腳架掌。

（十四）玉女穿梭

　　身型不變，右腳向前落步，隨之向前弓膝塌勁；同時，右臂屈肘收，手至腹前，掌心向下，掌指向前，迅速向前上方插出，掌心向下，掌指向前，手與肩同高；左手向下落至左側下頜處，掌心斜向前，掌指斜向上。眼看前方。（圖87、88）

身體右轉，右腿弓膝塌
勁，提起左腳向前上步，在左
腳為落地時右腳蹬地向上迅速
躍起，兩腳騰在空中；同時右
手逆纏向上架至額前上方，掌
心向前，掌指向左；左手隨之
向前按出，掌心向前，掌指向
上；左腳落地，右腳經左腿後
側向前插步，落在左腳的左後
側，腳前掌著地，兩手不動。
眼看左前方。（圖89、90）

【要點】

當左腳抬起向前上步時，
右腳要迅速蹬地向前上方躍
起，同時右手上架，左手前
按，要同時完成。

【教法提示】

上步插掌；躍步按掌。

（十五）獸頭勢

　　身體右轉，右腳跟向內扣轉，落地踏實，隨之，左腳尖向內扣轉，兩腳尖向前，兩腿屈膝下蹲，成馬步；同時，右手逆纏隨轉體向右展臂，左手隨身體轉動，兩臂成平行，兩手與肩同高，掌心斜向前，掌指斜向上。眼看右前方。（圖91）

　　身體稍左轉，左腿弓膝塌勁，提起右腳，以腳跟內側貼地向右前方擦出，腳尖勾起；同時，左手逆纏，屈肘向內轉至右側胸前，掌心向右，掌指向上；右手順纏向下向左畫弧合至左臂下側，掌心向左，掌指向前。眼法不變。（圖92）

身體稍左轉，
右腳尖落地踏實，
弓膝成右側馬步，
雙腿纏法變為右順
左逆；同時，右手
逆纏向左向上畫
弧，掌心反向外，
接著向右前方平
雲，轉至右側前
方，手與肩高，掌
心斜向右前方，掌
指斜向上；左手變
順纏，沿胸前向下
落至腹前，掌心向
上，掌指斜向右前
方。眼法不變。
（圖93、94）

身體稍左轉，步型不變。同時，左手逆纏向右前方轉按，右手順纏握拳向下轉至左肘內下側。接著，身體左轉，右腿弓膝塌勁，右拳繼續順纏向右前上方轉出，臂成弧形，拳心向內，拳眼向上；左手握拳順纏向下轉至右肘內下側，拳心向內，拳眼向上。眼看前方。（圖95、96）

【要點】

右掌向右轉按時，右手要平雲橫拉。接著，兩手同時在胸前畫弧纏繞。最後身體重心落與右腿。右臂要有向前的掤力。

【教法提示】

馬步展臂；合臂出腿；馬步拉掌；馬步繞掤。

97

（十六）擺蓮腳

　　身體左轉，左腿弓膝塌勁，身體重心移至左腿，右腳隨之向內收轉至左腳內側，腳尖著地，成丁步；同時，兩拳變掌向左向前再向右後方畫弧平雲，掌心向下，掌指斜向右後方，身體隨之右轉。眼看右前方。（圖97、98）

98

　　身型不變，左腿弓膝塌勁，右腿屈膝提起，腳向前上方踢起，與肩同高時向右後方平擺；同時，兩手向前平擺，依次迎拍腳面。接著，右腳向右後方落步，左腿屈膝前弓，成左弓步；兩手隨之擺至前方，掌心向下，掌指向前。眼看前方。（圖99、100、100）

【要點】

　　擺腿時，右腿要先向前上方踢起，再向右後方擺出，同時兩手向前擺動，形成交叉，拍擊腳面要清脆響亮。

【教法提示】

　　頂步擺掌；擺腿拍腳；弓步擺掌。

收　勢

　　身體稍右轉，右腿弓膝塌
勁，身體重心後移；同時，兩
臂屈肘向右側挒轉，掌心均向
外，掌指斜向左前方。接著身
體左轉，左腿屈膝前弓，隨
之，提起右腳向前上步，落在
左腳右側，成馬步；與此同
時，左手逆纏向前擠出，右手
順纏向下向前沿弧線按轉至胸
前，與左臂交叉相搭，成十字
手，左手在內，右手在外，掌
心斜向內，掌指斜向上。眼看
前方。（圖102、103）

身型不變，兩腿慢慢伸直，兩手逆纏向下落至腹前，兩手向左右分開，落至兩胯側；隨之，提起左腳向右併步，成立正姿勢。（圖104、105）

【要點】

馬步合臂，兩臂屈於胸前，接著，兩手向前伸，再向下落。兩手下落的同時身體向上，兩腿緩緩站直，稱為手落身起。

【教法提示】

馬步合臂；併步收勢。

起　勢

(一)攬紮衣

(二)金剛搗碓

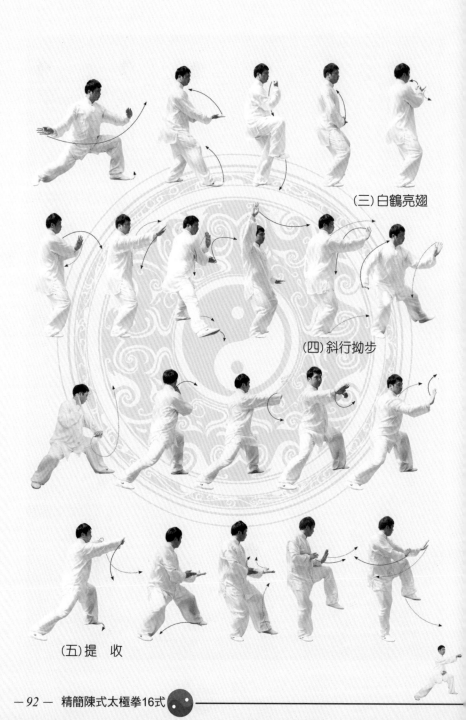

(三)白鶴亮翅

(四)斜行拗步

(五)提 收

(六)前　蹚

(七)掩手肱捶

(八)雙推手

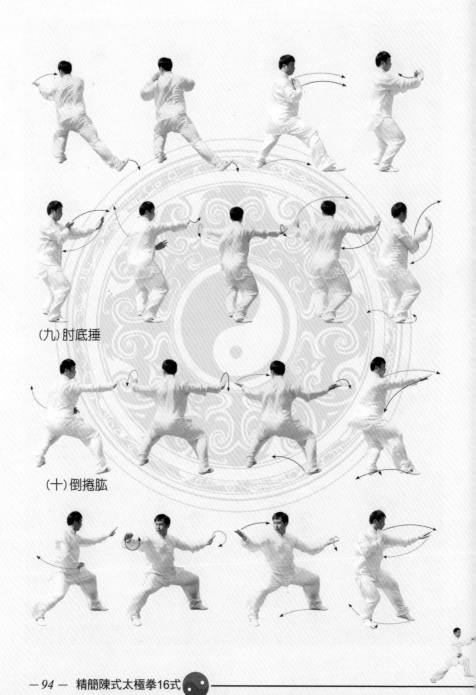

(九) 肘底捶

(十) 倒捲肱

(十一) 退步壓肘

(十二) 右轉身雙震腳

(十三) 蹬　腳

(十四) 玉女穿梭

(十五) 獸頭勢

（十六）擺蓮腳

收　勢

大展好書　好書大展
品嘗好書　冠群可期

大展好書　好書大展
品嘗好書　冠群可期